DAS BILDERBUCH DER STADT MÜNSTER

Herrn Leutnant A. Franke

zur Erinnerung:

Münster, 24. Sept. 1957

[handwritten signatures]

DAS BILDERBUCH
DER STADT MÜNSTER

VERLAG DER WESTFÄLISCHEN VEREINSDRUCKEREI MÜNSTER/WESTF.

1957

DAS BILDERBUCH DER STADT MÜNSTER

Herausgegeben vom Verlag der Westfälischen Vereinsdruckerei, Münster
in Verbindung mit dem Städtischen Werbe- und Verkehrsamt der Stadt Münster

Einleitende Worte und Bildunterschriften von Stadtarchivdirektor Dr. habil. Joseph Prinz, Münster
Karte und Vignetten von Waldemar Mallek, Münster

DRUCK DER WESTFÄLISCHEN VEREINSDRUCKEREI MÜNSTER/WESTF.

ohl das erschütterndste Bild aus der im Bombenhagel des letzten Krieges sterbenden Stadt Münster ist die Aufnahme des am 28. 10. 1944, abends 18.25 Uhr, zusammenbrechenden Rathausgiebels. Hier brach mehr als nur einer der vielen schönen Giebel des Prinzipalmarktes zusammen, hier sank mehr als die barocke Pracht des Schlosses und der vielen Adelshöfe Münsters in Trümmer. Hier hörte das Herz der alten Hansestadt auf zu schlagen, hier zerbrach das Symbol der ruhmreichen Geschichte der metropolis totius Westphaliae, Symbol zugleich der Friedenssehnsucht des deutschen Volkes. Von dem, was unsere Vorfahren in Jahrhunderten aufgebaut hatten, blieb nur ein Trümmerfeld. Von Münsters guter Stube, dem Prinzipalmarkt, von seinen Kirchen und Palästen ragten nur noch geborstene Säulen und rauchgeschwärzte Mauern klagend gegen den Himmel. Die Stadt, von der die städtekundige Ricarda H u c h gesagt hatte, sie sei die vornehmste von allen Städten Westfalens, ja in ganz Deutschland käme ihr darin keine gleich, schien für alle Zeiten verloren. Doch die Bürger dieser Stadt haben getreu dem Vorbild ihrer Vorfahren, die als wagemutige Hansekaufleute die Meere der alten Welt befahren hatten, nicht verzagt, sondern kräftig zugepackt und in einem Jahrzehnt voll harter Arbeit ein wirkliches Wiederaufbau-„Wunder" vollbracht. In einem glücklichen Zusammenklingen von sicherem und traditionsverwurzeltem Gefühl für das wirklich wertvolle Alte und zeitverbundener moderner Baugesinnung wurde so ein Städtebild geschaffen, das Münster wieder zur schönsten Stadt Deutschlands (Theodor H e u ß) gemacht hat.

Die Stadt, die der Bombenhagel in wenigen Wochen und Monaten zerschlug, war nicht an einem Tage erbaut worden. Fast ein Jahrtausend hatte an ihrem Gesicht geformt. Als Karl der Große um das Jahr 782 erstmalig auf seinen Kriegszügen gegen die Sachsen ins Münsterland kam, fand er an der Furt durch die Aa noch nichts weiter vor als Wald und Bruch, dazwischen den einen oder anderen Bauernhof, also ein Stück der westfälischen Landschaft, wie sie sich heute noch im Münsterland mit seinen Einzelhöfen darbietet. Mit sicherem Blick erkannte Karl die strategische Bedeutung dieser Furt, durch die schon damals eine wichtige Straße aus dem friesisch-niederländischen Raum (von Deventer bzw. von Emden her) einmündete. Jenseits der Furt führte diese Straße über den Spiekerhof und Alten Steinweg bzw. die Salzstraße nach Südosten weiter in das bereits in frühgeschichtlicher Zeit bedeutende Salzgebiet um Soest und nach Paderborn, dem wichtigsten politischen Zentrum des mittelsächsischen Raumes. Vor der Aafurt, im Zuge des heutigen Prinzipalmarktes, kreuzte diese Straße eine andere, die vom Rhein, von Köln heraufkam und weiter nach Norden in den hansisch-skandinavischen Raum über Osnabrück—Bremen und Hamburg lief. Genau im Winkel zwischen diesem Straßenkreuz und der Aa steht die Domburg, von der aus das von Karl eben erst befriedete Sachsen im christlichen Glauben erzogen werden sollte. Der Bering dieser Bischofsburg an der Mimigernaford, wie die Furt durch die Aa im Volksmunde hieß, zeichnet sich noch heute in dem Straßenzug rund um den Domplatz deutlich ab.

Mit der Weihe des Missionars Liudger zum Bischof im Jahre 805 war der Grundstein für die künftige Metropole Westfalens gelegt, mehr aber auch noch nicht. Die politische Entwicklung Westfalens als Teil des größeren Herzogtums Sachsen hat in den nächsten Jahrhunderten eine echte Schwerpunktbildung verhindert. Münster lag stets am Rande der großen Politik. Der Hellweg vom Rhein nach Sachsen hinein, von Duisburg über Dortmund, Soest, Paderborn usw. blieb die große Achse, die das politische Geschehen im hohen Mittelalter trug, soweit Westfalen in dasselbe einbezogen war.

Als im Jahre 1180 mit dem Sturze Heinrichs des Löwen das Herzogtum Sachsen zerschlagen wurde, fiel Westfalen in eine Vielzahl von Territorien auseinander und erschöpfte sich in den jetzt folgenden Jahrhunderten in lokalen und territorialen Bereichen und Interessenkämpfen. Das später so beliebte diplomatische Spiel um das sogenannte europäische Gleichgewicht findet hier Jahrhunderte zuvor, so möchte man meinen, ein mit dem Schwert geführtes, recht blutiges Vorspiel auf der kleinen westfälischen Bühne. Einen Zug zum Großen, zu einer gesamtwestfälischen Konzeption, geschweige denn zur Reichspolitik, sucht man dabei vergebens. Münster als Hauptstadt des gleichnamigen Stiftes erlebte und trug in dieser Zeit mit seinem Bischof dessen Siege und Niederlagen im Kampf mit der habgierigen Umwelt.

Größer und wichtiger war die Rolle, die Münster im Wirtschaftsleben Westfalens spielte. Sie ist allerdings von der politischen Entwicklung nicht zu trennen. Die Keimzelle dieses Wirtschaftslebens war wieder die Domburg. Als religiöser Mittelpunkt des Bistums entwickelte sie von Anfang an zentripetale Kräfte von nicht zu unterschätzender Bedeutung. Zweimal im Jahre versammelte sich der gesamte Klerus der Diözese zur Generalsynode im Hohen Dom. Schon dieser rege Verkehr formte zweifellos das gesamte Verkehrsnetz des Münsterlandes um. Jetzt führte von jeder alten Pfarrkirche im Lande ein möglichst direkter Weg nach Münster.

Auf diesen Wegen kamen nun auch die ersten Kaufleute mit ihren Warenkarawanen herbei, um vor der Domburg Markt zu halten. Aus den ersten nur sporadischen Markttagen, die zur Frühjahrs- und Herbstsynode gehalten wurden und deshalb „Send" hießen — dieser Name blieb den großen Jahrmärkten bis heute erhalten —, entwickelte sich dann rasch eine ständige Marktsiedlung, deren Anfänge sicherlich noch bis ins 10. Jahrhundert zurückreichen. Wenn die kleinen benachbarten Marktorte wie Wiedenbrück, Meppen, Lüdinghausen damals bereits königliche Markt- und Münz- privilegien besaßen, dann hat der Bischof von Münster mindestens zur gleichen Zeit für seine Residenz vom König auch eine solche Urkunde erhalten, die ihm das Recht gab, Münzen zu prägen und einen ständigen Markt zu halten. Erhalten hat sie sich nicht, da in dem großen Stadt- brande von 1121 die älteren schriftlichen Quellen mit dem Dome und allen darin aufbewahrten Dokumenten und Schätzen verbrannten. Die bis tief ins 11. Jahrhundert zurück zu verfolgen- den Münzprägungen der Bischöfe von Münster sind ohne ein solches Privileg gar nicht denkbar, ebensowenig aber auch ohne den Markt als Konsument dieses Münzschlages. Seit dem Ende des 11. Jahrhunderts sind die Münsterschen Pfennige in jedem Münzschatzfund des weiten Ostseerau- mes zu finden. Sie bezeugen die weitreichenden Handelsbeziehungen dieser Stadt schon zu jener Zeit, aus der uns schriftliche Zeugnisse noch fehlen. Seit dem frühen 13. Jahrhundert sind diese Handelsbeziehungen Münsters dann auch urkundlich bezeugt. Ihre Anfänge und Wurzeln liegen im niederlothringischen Raum, dem blühenden und schon damals reich entwickelten Hauptindustrie- gebiet Europas, von wo die ersten münsterschen Kaufleute auch den Patron ihrer Marktkirche, den hl. Lambertus von Lüttich, mitgebracht haben dürften, zu dessen Ehren die münsterschen Kinder noch heute ihre Lambertuslieder am 17. September, dem Festtage des Heiligen, singen. Zur gleichen Zeit finden wir den Münsteraner bei den russischen Pelzhändlern in Smolensk und Nowgorod. Das St.-Olaf-Patrozinium zweier bürgerlicher Vikarienstiftungen in der Stadt zeugt für den Anteil der münsterschen Bergenfahrer am norwegischen Fischhandel, die Rechnungsbücher der Könige von England für ihre Beteiligung am englischen Wollhandel. Die Bezeichnung des deutschen Kaufleute- gildehauses in Riga als „Münstersche Stube" bzw. „Hof von Münster" zeigt, daß Münster minde- stens zeitweise die führende Rolle im Ostseehandel Westfalens gespielt hat.

Ein stolzer Zeuge dieser großen Zeit ist das Rathaus am Prinzipalmarkt aus dem 14. Jahrhundert. Es hat im Laufe seiner langen Geschichte stürmische Tage gesehen, aber auch Tage von abendlän- discher Bedeutung. Während im Jahre 1534/35 die Söldner des Bischofs Franz von Münster ver- geblich die starken Mauern der von den Wiedertäufern verteidigten Stadt berannten, tanzte ihr

König, der Schneidergeselle Jan van Leiden, in der Ratsstube mit seinen 16 Königinnen. Eigenhändig schlug er einer von ihnen, der schönen Else Wandscherer, das Haupt ab. Wenige Monate später, am 26. Januar 1536, endete er selbst mit seinen beiden Spießgesellen auf dem Schafott vor dem Rathaus. Noch heute hängen die Käfige, in denen man die drei Leichen zum abschreckenden Beispiel ausstellte, am Turm der Stadtkirche St. Lamberti.

Hundert Jahre später stand Münster und sein Rathaus wieder im Blickpunkt des Weltgeschehens. Mehr als einhundertfünfzig Diplomaten aus allen Teilen Europas bemühten sich durch drei lange Jahre, die Friedensformel zu finden, die den ersten großen Weltkrieg der Neuzeit beenden sollte, der 30 Jahre lang unsagbares Elend über weite Teile Europas gebracht hatte. Am 15. Mai 1648 beschworen in der Ratsstube die Spanier und Niederländer ein Teilstück dieses Vertragswerkes, das den Niederländern die endgültige Loslösung ihrer sieben Provinzen aus dem Verband des Deutschen Reiches brachte. Durch diesen Akt ist die Ratsstube als „Friedenssaal" in die Weltgeschichte eingegangen.

Die stolze Front der prächtigen Giebelhäuser am Prinzipalmarkt, von denen nicht wenige dem 16. und 17. Jahrhundert angehörten, war ein beredter Zeuge für die ungebrochene Kraft der Stadt gerade in diesen stürmischen Zeiten. Die meisten Kirchen der Stadt, allen voran der mächtige Dom, stammen dagegen aus älterer Zeit. Der Dom, an dem man seit dem Ende des 12. Jahrhunderts baute, wurde 1263 vollendet. Er zeigt sowohl in seinen Bauformen als auch im Figurenschmuck seines Paradieses starke Anlehnungen an französische Vorbilder. Das nimmt nicht weiter wunder, da die Domherren im Mittelalter verpflichtet waren, in Paris zu studieren. Echt westfälische Hallenkirchen, die der schönsten dieser Art, St. Maria zur Wiesen in Soest, nur wenig nachstehen, sind St. Lamberti und Liebfrauen zu Überwasser, beide im frühen 15. Jahrhundert vollendet. Der Turm der Überwasserkirche hat weit und breit nicht seinesgleichen. Auch St. Ludgeri, an der vom 12. bis 15. Jahrhundert gebaut wurde, und St. Martini (14./15. Jh.) verdienen Erwähnung, ganz besonders aber die kleine, sehr stimmungsvolle Servatiikirche aus dem frühen 13. Jahrhundert.

Von der mächtigen Befestigung der Stadt, die zu besichtigen die Festungsbauer im 16. Jahrhundert von weit hergereist kamen, ist nur wenig übriggeblieben: ein einsamer Turm, der Buddenturm, aus der Zeit um 1200 (?), der im 16. Jahrhundert erbaute Zwinger und ein längeres malerisches Mauerstück im Süden der Stadt (zum Aasee hin), vor dem auch noch der mächtige Wall aus dem 15. Jahrhundert in voller Höhe erhalten ist. Sonst ist er rund um die Stadt ums Jahr 1770 geschleift und in eine reizvolle und einzig schöne Promenade umgewandelt worden. Glücklicherweise ist der Stadt dieser Schmuckkranz seiner Linden erhalten geblieben. Der Befehl zur Abholzung war in der Notzeit nach dem letzten Kriege von der Besatzungsmacht bereits gegeben!

Zur Zeit des Westfälischen Friedenskongresses (1643) war die Stadt neutralisiert und aller Pflichten gegen den Landesherrn, ja gegen Kaiser und Reich, entbunden worden. Das stieg den Stadtvätern zu Kopfe und sie gaben sich 1648 der trügerischen Hoffnung hin, für die Zukunft wenigstens der Pflichten gegen den Landesherrn entledigt zu bleiben, d. h. daß Münster eine freie Reichsstadt würde. Der wahnwitzige Versuch, das nicht einmal so schwere landesherrliche Joch unter dem Krummstab des Bischofs von Münster ausgerechnet unter dem als Diplomaten ebenso gewiegten wie als Militär energischen und rücksichtslosen Bischof Christoph Bernhard von Galen abzuschütteln, mußte mit einem Mißerfolg enden. Er brachte der politischen Stellung und Bedeutung der Stadt nach harter Belagerung 1661 mit der bedingungslosen Kapitulation ein jähes, bitteres und endgültiges Ende.

Der Zerfall der Hanse und der katastrophale Rückgang des immer reichsten Gewinn abwerfenden eigenen Handels — man findet seit der Mitte des 17. Jahrhunderts den münsterschen Kaufmann bestenfalls noch auf den niederländischen Märkten und auf der Frankfurter Messe — ging mit der politischen Katastrophe parallel. Mit der im Mittelalter mit wirtschaftlichen Mitteln aufgebauten Vorrangstellung Münsters war es jetzt aus.

Die wirtschaftliche Blüte Münsters im Mittelalter war nun auch — wie könnte es anders sein — der richtige Nährboden, ja geradezu die Voraussetzung für eine ungeahnte Blüte auf kulturellem Gebiet. Die Malkunst spiegelt diese Entwicklung am besten wider. Um 1400 malte Konrad von Soest, der größte westfälische Maler seiner Zeit, noch in Dortmund und Soest, wenig später ging die Führung an die münsterschen Maler, deren wir seit dem ausgehenden 13. Jahrhundert eine ganze Reihe mit Namen kennen, über. Die bedeutende Malerdynastie der tom Rings vertritt noch bis zum Ende des 16. Jahrhunderts eine bodenständige und reife Kunst, als im Reich längst das große Sterben der altdeutschen Kunst eingesetzt hatte. Auf dem Gebiet der Bildnerei reichte der Einfluß der münsterschen Meister, der Beldensnyder, Brabender usw. weit über die Grenzen Westfalens hinaus. Die Glocken des großen münsterschen Meisters Wolter Westerhus — auch er nur letztes Glied einer bis ins frühe 14. Jahrhundert zurückreichenden Kette namhafter Glockengießer — verkündeten um 1500 Münsters Ruhm durchs ganze Land. Reges geistiges Leben herrschte in der Stadt, das nicht nur in den Lehrgedichten des Kanonikers Bernhard von der Geist (um 1250) anklingt, sondern auch in der Theaterfreudigkeit der Münsteraner zum Ausdruck kommt, die aus vielfältigen Quellen (Mummenschanz der Zünfte und Brüderschaften, Fastnachtsbrauchtum) gespeist wurde. Kein Wunder, daß im Jahre 1485 der Domschulmeister Johannes K e r c k m e i s t e r im Impressum seines Theaterbüchleins „Codrus" — übrigens der erste Druck einer münsterschen Druckerei überhaupt — seine Vaterstadt stolz „die Stadt Westfalens" nennt, die „durch ihren unsterblichen Namen für alle Zeiten berühmt" sei. Der Domscholaster Rudolf v o n L a n g e n, der führende und größte Kopf des christlichen Humanismus in Westfalen, wandelte im Jahre 1500 die alte Domschule, das Paulinum, in eine humanistische Anstalt um, die nun die Pflanzstätte für den Humanismus in ganz Westfalen wurde. „Wie aus einem Trojanischen Pferd", sagt der bekannte westfälische Historiker des 16. Jahrhunderts, Hermann H a m e l m a n n , „gingen aus der Anstalt hochgelehrte Männer ohne Zahl hervor, die hier und dort in Westfalen, Sachsen und Niederdeutschland Schulen eröffneten und die Barbarei ausrotteten." Selbst Professoren in Wittenberg, Leipzig und Kopenhagen hatten an der Domschule in Münster die Anfangsgründe humanistischer Bildung genossen.

Kein Wunder, daß eine geistig so rege Stadt auch schon früh Schauplatz religiös-reformatorischer Auseinandersetzungen wurde und dann auch jene weltfremden Schwärmer anzog, deren Führung letzthin ehrgeizige Demagogen und verbrecherische Gewaltmenschen an sich rissen, die das echte religiöse Anliegen des Täufertums geschickt mit den sozialen Nöten des in einer Stadt vom Range Münsters stets vorhandenen Proletariats zu verknüpfen wußten. Sie hoben 1534 jenes „Himmlische Jerusalem" aus der Taufe, mit dem dann ein Jahr später fast alle Zeugnisse des einst so blühenden kulturellen Lebens der Stadt untergingen.

Der Wiederaufbau der kulturellen und wirtschaftlichen Position Münsters ging nach 1535 in einem geradezu atemberaubenden Tempo vor sich. Die geistige und religiöse Renaissance stand dagegen im Schatten der Glaubenskämpfe. Erst nach der Übernahme des Paulinums durch die Jesuiten (1588) wurde Münster wenigstens wieder der religiöse Vorort des katholisch gebliebenen bzw. rekatholisierten Westfalens. Ganz ungezwungen fügt sich in dieses Bild der geistigen Renaissance das Streben Münsters nach einer eigenen westfälischen Landesuniversität. Die Ungunst der Zeit hat den 1630/31 schon bis zur kaiserlichen und päpstlichen Privilegierung gediehenen Plan nicht reifen lassen. Der wirtschaftliche Niedergang der Stadt hat sich wie ein Rauhreif auf das geistige Leben der Stadt gelegt. Von einer ganz Westfalen beherrschenden geistig-kulturellen Leistung der Stadt kann jetzt nicht mehr die Rede sein. Der Ausspruch des bekannten Friedensgesandten Adam A d a m i , daß es den Münsteranern eigen sei, daß arm und reich wissenschaftliches Streben habe und man nicht leicht in Münster einen Handwerker finde, der nicht Latein schwätze, vermag dieses Urteil nicht zu erschüttern. Der sich ziemlich schnell durchsetzende Strukturwandel der Stadt von der blühenden und geschäftigen Handelsmetropole Westfalens zur behäbigen und etwas verschlafenen Residenzstadt ließ kaum noch Platz für ein reges geistiges Leben. Es lag wohl auch daran, daß die prachtliebenden und aufwendig lebenden unter den Bischöfen Münsters jetzt zugleich auch meist Erzbischöfe bzw. Kurfürsten von Köln waren und deshalb immer nur vorübergehend und kurzfristig in Münster residierten. Dafür zogen nun immer mehr Adelige, im Kriegsdienst oder in der Diplomatie reich geworden, in die Stadt, weil sie hier für die Wintermonate in ihren aufwendigen Stadtwohnungen mehr Komfort fanden als in ihren kalten und zugigen Landsitzen und Burgen. Die besten Architekten Münsters, wie Hermann tom Ring, die beiden Pictorius, Corvey, Schlaun, Lipper und Boner wetteiferten mit- und nacheinander, um die Kurien der Domherren und die Höfe des Adels immer prächtiger zu gestalten. Das von Schlaun 1767/75 für den Bischof gebaute Schloß hat in ganz Nordwestdeutschland nicht seinesgleichen. Diesen Bauten und ihrer Wohnkultur verdankte Münster den Ruhm, die vornehmste aller deutschen Städte zu sein. Diesem Urteil wird jeder beipflichten, der diese Bauten nicht nur von außen, sondern auch von innen kennenzulernen noch Gelegenheit gehabt hat. Leider hat der letzte Krieg dies alles bis auf die Außenhaut einzelner Höfe (Erbdrostenhof, Plettenberger Hof, Heeremanscher Hof usw.) und des Schlosses zerstört.

Erst der geniale Minister Franz von Fürstenberg machte Münster wieder zu einem geistigen Zentrum Westfalens. Seine 1773 gegründete Universität fand selbst im hochgelehrten Göttingen Anerkennung. Der von ihm und der Fürstin Gallitzin geschaffene Kreis der „familia sacra" war keineswegs, wie man früher wohl gemeint hat, ein Kreis frömmelnder Kränzchendamen und ihrer Verehrer, sondern, wie wir jetzt wissen, eines der wenigen geistigen Zentren Deutschlands aus der Zeit der Aufklärung, das als Hort einer christlich verstandenen Aufklärung eine wichtige Brücke zur Romantik des frühen 19. Jahrhunderts zu schlagen berufen war. Auch wenn man von der großen Annette von Droste-Hülshoff absieht, die mit ihrem tiefsinnigen dichterischen Werke Münsters Namen weit über Westfalens Grenze hinaustrug — sie prägte das herzhafte Wort „et giew men en Mönster" — haben doch auch die „Epigonen" der „familia sacra" wie etwa die Philosophen Zumkley, Kistemaker und Schlüter, daneben dann so manche Mitglieder der Universität (Akademie) wie der Mathematiker Gerz, der Astronom Heiss, nicht zu vergessen der große Physiker Hittorf, selbst der schrullige Landois mit seinem 1875 gegründeten Zoologischen Garten und Jostes mit seinem westfälischen Trachtenbuch das ihrige dazu beigetragen, den Namen der Stadt Münster in den geistigen Bereichen der Nation einen guten Klang zu bewahren.

Eines der geistigen Lieblingskinder Fürstenbergs war das Theater, von ihm 1774 in der Meinung geschaffen, daß nächst der Kanzel auch von den Brettern der Bühne eine eindringliche Sprache auf das Gemüt der Menschen geredet werden könne. Es bildete neben der Universität einen wesentlichen Faktor im Kulturleben des damaligen Münsters, der bis in unsere Tage nichts von seiner Wirkkraft eingebüßt hat. Es zehrt nicht nur vom Ruhme der Vergangenheit, als Männer wie Albert Lortzing, die beiden Pichler, Niedecken-Gebhard, Kurt Joos u. a. hier wirkten, sondern hat sich mit Mut und Geschick auch dem Neuen zugewandt. Die Entdeckung des französischen Existentialisten Gabriel Marcel für die deutsche Bühne ist z. B. ein Verdienst des münsterschen Theaters. Der großzügige Neubau desselben gilt als befreiender „Donnerschlag" in der festgefahrenen deutschen Theaterbaukunst. Auch das blühende Musikleben, das in den Namen Julius Otto G r i m m und Hans R o s b a u d ein verpflichtendes Erbe zu hüten hat, trägt dazu bei, Münsters Ruhm als altes Kulturzentrum zu wahren.

Die Preußen haben Münster 1815 zur Hauptstadt ihrer Provinz Westfalen gemacht und damit ein neues Blatt in ihrer tausendjährigen Geschichte aufgeschlagen. Nach dem Urteil der Annette war Münster „nie so glänzend, wie jetzt, da alle höheren Zivil- und Militärbehörden der neuen Provinz hier weilen". In der Tat war Münster im 19. Jahrhundert fast ausschließlich eine Behördenstadt geworden, soweit nicht die katholische Hierarchie mit dem türmereichen Kranz ihrer Kirchen und mit ihrer Geistlichkeit immer noch das Stadtbild beherrschte. Durch diesen Akt der preußischen Zentralverwaltung von 1815 blieb der Stadt die Vorrangstellung in Westfalen gesichert, auch in einer Zeit, in der sie wirtschaftlich durch die wie Pilze aus der Erde schießenden Industriestädte des Ruhrgebiets schnell überholt wurde. Auch ohne die Finanzkraft einer eigenen Großindustrie wuchs Münster bis zum ersten Weltkrieg zur Großstadt heran.

Erst der Ausbau der von den Preußen zugunsten der 1818 gegründeten Universität Bonn zunächst arg verstümmelten Universität F ü r s t e n b e r g s zur Volluniversität in den Jahren 1902/25, an dem die Stadt unter erheblichen Geldopfern lebhaften Anteil nahm, unterstrich wieder und verstärkte in ganz außerordentlichem Maße dieses Gewicht Münsters als Hauptstadt Westfalens nach der kulturellen Seite.

Die große Bewährungsstunde der alten Kulturstadt als Hort der geistigen Freiheit und der angestammten tiefverwurzelten Religiosität schlug, als der Ungeist des Nationalsozialismus seine Geißel über deutsche Lande schwang. Die Seele des Widerstandes, Bischof Clemens August, Kardinal v o n G a l e n († 1946) ist der Welt das Symbol des anderen, besseren Deutschlands geworden. Aus der Schar der Getreuen, die ihm in diesem Kampf zur Seite standen, seien hier wenigstens der Philosoph Peter W u s t und der Domprediger Adolf D o n d e r s genannt.

In dem Zusammenbruch von 1945 hat Münster so seine geistige Substanz, seine Seele gerettet. Sie ermöglichte den Wiederaufbau der Stadt als echtes Kulturzentrum Westfalens.

Das kulturelle Gesicht einer Stadt wird von der Universität und vom Theater wesentlich geformt. Die Universität mit ihren zahlreichen modernsten Instituten, mit einem angesehenen Lehrkörper und weit über 8 000 Studenten, das Theater mit seinem epochemachenden Neubau, beides blühende Institute, bilden so die Grundlage für die geistige Zukunft Münsters!

Münster ist aber nicht nur eine historische und als solche heute eine „echt wiederaufgebaute" Stadt voll lebendiger Kultur und gespickt mit den Zeugnissen und Denkmälern einer reichen Vergangenheit. Sie ist auch nicht mehr in dem Maße wie früher die Stadt der verträumten Gassen und malerischen Winkel, in denen Originale vom Formate des tollen B o m b e r g oder des „unwiesen" Professors L a n d o i s ihre Possen trieben. Der Hauch dieser besonnten Vergangenheit ist im Gesamtbild der Stadt und in manchem kostbaren Zeugnis, sei es der Dom, das Rathaus, der Erbdrostenhof, das Schloß oder sonst eins der mit viel Liebe und Treue wiederaufgebauten historischen Gebäude der Stadt, noch deutlich sichtbar und zutiefst spürbar. Münster ist darüber hinaus aber auch eine sehr moderne Stadt von reger Geschäftigkeit und voll pulsierendem wirtschaftlichen Lebens. Als Erbe des alten Hanseatengeistes der münsterschen Kaufmannschaft hat sich hier nicht nur ein leistungsfähiger Großhandel von alters her gehalten und blühend weiterentwickelt, der mit seinen weitverzweigten Verbindungen die Stadt auch wirtschaftlich zu einem Mittelpunkt des Landes macht. Daneben hat sich auch eine gesunde und in ihrer Vielfalt krisenfeste Mittelindustrie etabliert. Hochmoderne Geschäftsstraßen locken den Käufer aus Stadt und Land. Gerade die glückliche Mischung von altem Kulturreichtum und moderner Geschäftswelt macht Münster für den Fremden so anziehend und reizvoll. Als Stadt der deutsch-niederländischen Nachbarschaft ist sie besonders für die Holländer ein lockendes Reiseziel.

Nicht zuletzt ist die Stadt auch der Mittelpunkt der westfälischen Landwirtschaft, deren zahlreiche Organisationen, von der Landwirtschaftskammer bis hin zu den westfälischen Züchtervereinen usw., dem Leben der Stadt eine besondere Note verliehen haben. Als Sitz hoher und höchster Landes- und Provinzialbehörden sowie zahlreicher öffentlicher Körperschaften und Verbände, ist Münster heute wie vor 150 Jahren auch verwaltungsmäßig die Hauptstadt Westfalens. Die modernen und vorbildlichen Verwaltungsbauten dieser zahlreichen Institutionen bestimmen wesentlich das Bild des neuen Münsters, das rund um den historischen Altstadtkern einen Kranz ebenso moderner wie schöner Wohnblocks und Verwaltungszentren entwickelt hat. Das „quartier latin" Münsters, das Universitätsviertel einer- und das Industriegebiet am Hafen andererseits sind besonders markante Pole dieser Stadtentwicklung von nachhaltiger Anziehungskraft.

Kultur und Wirtschaft werden auch in Zukunft das Bild dieser alten und doch so jungen und lebensfrohen Stadt bestimmen.

DIE BILDER

Die Fotos dazu stellten zur Verfügung:

Bathe: 4, 21, 47, 48, 64, — Dürrich: 8, 9, 17 22, 27, 31, 32, 41, 49, 60, 70
Eichler: 2, 20, 26, 34, 35, 55 — Finke jr.: 7, 30, 57, 71, 77 — Dr. Happe: 74
Heller: 33 — Krahn: 58, 66 — Pohlschmidt: 13, 29, 39, 42, 62 — Schnauz: 61
Städt. Werbe- und Verkehrsamt: 1, 6, 16, 36, 43, 65, 76 — Woelm: 3, 5, 10, 11,
12, 14, 15, 18, 19, 23, 24, 25, 28, 37, 38, 40, 44, 45, 46, 50, 51, 52, 53, 54,
56, 59, 63, 67, 68, 69, 72, 73, 75, 78, 79, 80.

DIE ÄLTESTE STADTANSICHT MÜNSTERS, gezeichnet von Hermann tom Ring († 1597), ge-
stochen 1570 von Remigius Hogenberg (Ausschnitt). Mit liebevoller und akkurater Feder hat der Künstler die Vielfalt
des Häusermeeres hinter der starken Stadtmauer nachgezeichnet, das von den hohen Türmen der Stadtkirchen malerisch
überragt wird.

IM SCHATTEN DER DOMTÜRME ist gut wandeln. Mitten in der Stadt kann man noch einen solch' stimmungsvollen Winkel (am Horsteberg) finden, in den das Gehaste der modernen Welt nicht hineinreicht. Der Name Horsteberg (alt Horteberg, von horte = Hürde) erinnert an die ursprüngliche hölzerne Befestigung der Domburg.

DER GIEBEL DES RATHAUSES, unbestritten der schönste Profanbau der deutschen Gotik aus dem 14. Jahrhundert, dessen Bildschmuck einst von der besten deutschen Bauhütte der Parler geschaffen wurde, grüßt den Besucher Münsters wieder wie ehedem in einer werkgetreuen Kopie des im Bombenhagel des letzten Krieges verlorengegangenen Originals.

DAS KRAMERAMTSHAUS (von 1588) blieb als einer der ganz wenigen Bauten der Altstadt im letzten Krieg erhalten. Hinter seinem kostbaren Giebel und in dem ihm geschmackvoll angepaßten neuen Anbau beherbergt es heute die Stadtbücherei und das Stadtarchiv. 1645/48 wohnten hier die niederländischen Gesandten des westfälischen Friedens-kongresses.

4

DER SENTENZBOGEN AM STADTWEINHAUS von 1615 — von ihm aus wurde vordem dem
armen Sünder das Urteil (die Sentenz) gesprochen — ist in der alten Schönheit der niederländischen Renaissance (von
der Hand des Johann von Bocholt) getreu dem gleichfalls im Kriege zerbombten Original neu erstanden.

DER EINZUG DES NIEDERLÄNDISCHEN GESANDTEN ADRIAN DE PAUW mit seinen
Damen in das türmereiche Münster (1647). Das berühmte Gemälde des niederländischen Malers Gerhard Terborg — von
dem allerdings nur die Portraitgruppe im Vordergrund eigenhändig gemalt ist — wurde der Stadt 1891 von Wilhelm Hüffer
testamentarisch vermacht.

DIESES LETZTE STÜCK DER MITTELALTERLICHEN STADTMAUER hinter der Wester-
holt'schen Wiese — heute das ideale Turnierfeld der westfälischen Reiterei — vermag trotz der hinter ihm aufragenden
unschönen modernen Dächer noch recht gut einen Eindruck von der einstigen Wehrhaftigkeit der alten Hansestadt zu
vermitteln.

DER DOM, vor rund 7 Jahrhunderten (1263) vollendet, zeigt sich nach der Wiederherstellung (1956) wieder macht-
voll und breit hingelagert im Kranze seiner Kapellen. Im Hintergrund ragt der Turm der Liebfrauenkirche zu Überwasser, ohne Zweifel der schönste gotische Turm Westfalens, auch ohne die 1704 vom Sturm abgewehte Spitze höher
fast als die Domtürme zum Himmel empor.

8

DAS NEUE THEATER nimmt sich neben der alten Martinikirche zunächst etwas fremd aus, aber schon der Staatsminister Franz von Fürstenberg, der Begründer des 1. münsterschen Theaters (1744) war der Meinung, daß neben der Kanzel auch von den Brettern der Bühne eine eindringliche Sprache auf das menschliche Gemüt geredet werden könne. In diesem Geiste halten Kirche und Theater gute Nachbarschaft.

9

AN DER KRUMMEN STRASSE, die das Inferno des zweiten Weltkrieges überdauert hat, findet sich noch dieser verträumte Winkel von fast ländlicher Abgeschiedenheit, an denen das alte Münster, die Stadt im Grünen, einst so reich war.

DIE NEUE BAHNHOFSTRASSE. Durch diese neue Geschäftsstraße mit ihren hohen, modernen Gebäuden pulst dagegen frisches, neues Leben. Hier ist für Besinnlichkeit kein Platz. Auch die Natur kann sich hier kaum noch entfalten. Vergebens recken sich ein paar schmächtige Bäume nach Luft und Sonne in die Höhe. Im Hintergrund sieht man noch eben den Glockenturm des Landeshauses.

AM PRINZIPALMARKT, wie der Marktplatz Münsters seit etwa 1600 heißt, ragen auf den zerborstenen Säulenstümpfen der alten heute neue Giebel in den Himmel, nicht so reich verziert und variiert wie ihre Vorgänger, aber doch ganz Münsterschen Geist atmend. Von den alten Giebeln ist nur ein einziger gegenüber dem Lambertikirchturm in seiner reichgegliederten Barockform erhalten geblieben.

12

BEI FESTLICHER ILLUMINATION verwischen sich die etwas gleichförmigen und strengen Konturen der neuen Giebelfront. Es bleibt das liebe, vertraute Bild der alten Guten Stube Münsters, steingewordener Ausdruck des alten Spruches „Mönster bliew Mönster".

13

DIESER BEREDTE „AUSLEGER", ein Stück echt altmünsterscher Handwerkerkunst, an denen die Stadt früher so reich war, ist einer der wenigen, die dem Bombenhagel und den Altmetallsammlern des letzten Krieges entgangen sind.

14

IN DEN TOLLEN TAGEN DES KARNEVALS verwandelt sich Münsters Gute Stube in einen großen Tanz-
saal, wenn Prinz Karneval vom Sentenzbogen den ihm vom Oberbürgermeister für 3 Tage überlassenen Stadtschlüssel
schwingt. Das närrische Volk „tobt" — man sieht es den angespannten Gesichtern an — dann ausgelassen durch die
Straßen der Stadt.

DER FRIEDENSSAAL im Rathaus zu Münster ist als Symbol der Friedenssehnsucht des Abendlandes in die
Geschichte eingegangen. Den Münsterschen Stadträten diente der Saal seit dem hohen Mittelalter als Ratsstube. Behäbige
Ruhe drücken die schweren, mit dem Wappen der Stadt geschmückten Polster aus, auf die sich die Ratsherren schon
vor 400 und mehr Jahren setzten, um inmitten der holzgeschnitzten Pracht der Ratsstube über das Wohl und Wehe
ihrer Stadt zu beraten.

16

DER NEUE FORMSCHÖNE SITZUNGSSAAL IM STADTWEINHAUS, in dem Münsters Stadt-
verordneten hier das Gleiche tun, wie ihre Vorfahren im benachbarten Friedenssaal, strömt dagegen moderne Sachlichkeit
aus. In der äußeren Wiederherstellung des Giebels ist das Stadtweinhaus eine werksteingerechte Kopie des 1615 vom
Meister Johann von Bocholt errichteten Baues.

DAS SCHLOSS, von Westfalens bedeutendstem Barockbaumeister Joh. Konrad Schlaun 1767/75 erbaut, birgt hinter der aus dem Kriege glücklich geretteten alten Fassade in modernen Räumen heute eine der größten und schönsten deutschen Universitäten. Weit über 8 000 Studenten, darunter viele Ausländer, holen sich hier das geistige Rüstzeug für ihren künftigen Beruf.

IM SCHLOSSGARTEN mit seinen schönen Alleen findet der in den Hörsälen des Schlosses strapazierte Geist die willkommene und notwendige Erholung. Ein Teil des mit kostbaren exotischen Gewächsen und Bäumen ausgestatteten Parks dient seit 150 Jahren der Universität als botanischer Garten.

DER ALTE ROKOKOSAAL DES SCHLOSSES, einst von Münsters kunstsinnigem Innen-Architekten, dem Kanonikus Joh. Ferd. Lipper geschaffen, hat in der mit sparsamen Mitteln und doch effektvoll hergerichteten Aula einen zeitgemäßen und würdigen Nachfolger gefunden.

DER HAUPTTRAKT DES JURISTISCHEN INSTITUTES am Bispinghof. Auch die alten, längst zu klein gewordenen und im Krieg zerbombten Institute der Universität sind durch zweckmäßigere und moderne Bauten ersetzt worden. Eine juristische Fakultät besitzt Münster erst wieder seit 1902.

DURCH DIE EINGANGSHALLE DER NEUEN UNIVERSITÄTSBIBLIOTHEK geht der Blick hinüber zum Ägidiiviertel mit der von Schlaun 1724/28 geschaffenen Fassade der Kapuzinerkirche im Hintergrund. Seit dem Einsturz der alten Klosterkirche (an der Stelle der alten Ägidiikaserne) im Jahre 1821 dient sie der Ägidiigemeinde als Pfarrkirche.

DIE REIZVOLLE PETRIKIRCHE, von den 1588 nach Münster gekommenen Jesuiten als Schulkirche der von ihnen übernommenen Domschule (= Paulinum) errichtet (1590/97), war dem letzten Krieg zum Opfer gefallen. Aus Schutt und Asche neu erstanden, wird sie wieder der Jugend des Paulinums und der Universität als Gotteshaus dienen.

EINE PROMENADE ENTLANG DER AA, quer durch die Stadt anzulegen, um dem Bürger im Gehaste der
Großstadt eine Möglichkeit des Ausruhens und der Erholung zu bieten, das war eine der glücklichsten Ideen im Wieder-
aufbauprogramm der Stadt. Die Partie am Bispinghof ist besonders gut gelungen.

DIE LANDWIRTSCHAFTSKAMMER an der Schorlemerstraße, ein architektonisch wohlgelungener und schöner Bau — vom Volkswitz „Beamtenaquarium" genannt —, nimmt unter den modernen Verwaltungsgebäuden der Stadt unbestritten eine führende Stellung ein.

VON DER DACHTERRASSE DER LANDWIRTSCHAFTSKAMMER bietet sich ein bezaubernder
Rundblick auf die Promenade und das Ludgeriviertel. Im Hintergrund ragt der charakteristische Turm der Ludgerikirche
über die Bäume heraus.

DER AASEE verdankt seine Entstehung der Initiative des Oberbürgermeisters Dr. Sperlich (1920—1932). Dieser hat sich damit ein unvergängliches Denkmal gesetzt. Der Aasee ist nicht nur das beliebte Ziel für die „wasserfreudige" Jugend, sondern auch für den erholungsbedürftigen Münsteraner, der in dem Spaziergang rund um den Aasee einen Ausgleich für die Arbeit des Alltags findet. Im Hintergrund der Neubau der Handwerkskammer.

STIMMUNGSBILD AM AASEE. Bei einem Spaziergang im Abenddämmern kann man dort ein solches Bild einfangen. Der bereits 1930 in der Planung vorgesehene Ausbau des Sees oberhalb der Brücke läßt wegen der Ungunst der Zeit noch immer auf sich warten.

BLICK AUF STUDENTENHAUS UND MENSA AM AASEE. In diesen neuen und geräumigen Bauten findet die studierende Jugend den leiblichen Ausgleich für die geistige Kost der Hörsäle und Institute. Eine schönere Lage als hier am Aasee kann man sich kaum denken.

PARTIE AN DER AA entlang der Promenade. Auch der Angler kommt hier auf seine Kosten, mehr noch der Spaziergänger, der an diesem schönsten Stück der Aa (hinter dem Zoo) Erholung sucht. Hier ist er dem Getriebe der Großstadt entrückt, an das ihn nur der im Hintergrund über die Goldene Brücke flutende Verkehr erinnert.

DER PHILOSOPHENWEG, der an diesem Stück der Aa entlangführt, ist in der Tat einer der beliebtesten Spazierwege für alt und jung im Zuge der Stadtpromenade. Hier stehen noch einige der prächtigen Baumriesen, die bis in die Zeit der Anlage der Promenade (um 1770) zurückreichen. Ihre Zahl nimmt leider immer mehr ab.

DAS THEATER. Eine neue Welt tut sich auf. Der Theaterneubau, dessen kühnes Profil (Bühnenhaus) hier in den Himmel ragt, wird gemeinhin als epochemachend empfunden. Er zwingt auch denen staunenden Respekt ab, die sich mit dem modernen Baudenken unserer Tage noch nicht anfreunden können. — Schon einmal war Münsters Theater das modernste seiner Art. Das war 1773, als das hiesige Komödienhaus, von dem besten Innenarchitekten seiner Zeit, J. F. Lipper eingerichtet, seine Pforten öffnete, ein Jahr vor dem Burgtheater in Wien und zwei Jahre vor dem Nationaltheater in Mannheim, den beiden berühmtesten Theatern Deutschlands jener Tage!

DAS INNERE DES THEATERS ist nicht minder revolutionär als das Äußere. Die farbliche Abstimmung des Zuschauerraumes mit dem Violett und Weiß der Bestuhlung, dem Schwarz der Wand und dem Braun der Rangverkleidung ist besonders reizvoll und gelungen. Der Lampenhimmel stellt einen neuartigen Versuch zur Regulierung der akustischen Mehrzweck-Notwendigkeiten des Raumes für Oper, Operette, Schauspiel und Konzert dar.

DIE STAATLICHE INGENIEURSCHULE FÜR BAUWESEN an der Lotharinger Straße. Modern sind auch die neuen Schulen Münsters. Viel Licht und Sonne strömt in die Klassenräume dieser Bauten. Hier ein Blick von der Promenade auf die 1956 vollendete Ingenieurschule.

DIE MARIENSCHULE (Frauenoberschule) an der Hermannstraße ist auch ein solch' moderner und formschöner Neubau, bei dem der Forderung nach viel Licht und Sonne weitgehend Rechnung getragen worden ist. Mit neidvoller Bewunderung angesichts solcher Schulen gedenken die Eltern der hier großwerdenden Jugend der eigenen „Pennale" mit ihren stickigen und engen Räumen!

EIN STÜCK ALTMÜNSTER tut sich hier in der behäbig-ruhigen Kreuzstraße auf. Die vor Pinkus-Müllers-Altbierstube parkenden Autos passen nicht so recht in dieses Bild, in dessen Hintergrund der wuchtige und doch so feingliederige, um 1400 fertiggewordene Turm der Überwasserkirche aufragt.

DER TURM DER LUDGERIKIRCHE ist nicht minder markant. An ihm hat jedes Jahrhundert des Mittelalters gebaut. Die massigen romanischen Untergeschosse sind wohl bald nach 1200 fertig geworden. Nach dem Brande von 1383 setzte man eine gotische Glockenstube darauf, auf die man noch im 15. Jahrhundert eine zweites gotisches Geschoß türmte, das von einem spitzen Helm bekrönt war. Seitdem die Wiedertäufer diesen abgeworfen haben, behielt der Turm seine einmalige, beschwingte Form. Vor der Ludgerikirche steht die Mariensäule (der Münchener Säule nachgebildet), eine Stiftung Josef Höttes (1899).

DIE DOMTÜRME repräsentieren einen andern Zeitgeist. Sie entstanden zu Ende des 12. Jahrhunderts zur Zeit der Hochblüte des deutschen Reiches unter Kaiser Barbarossa. Vollendet wurden sie allerdings erst um die Mitte des 13. Jahrhunderts. Wuchtig und schwer schirmen sie die Festung Gottes, den Dom, der 1263 vollendet wurde, gegen die Umwelt ab.

DIE DREI GALEN'SCHEN KAPELLEN, zwar erst im 17. Jahrhundert dem Dom angebaut, sind im goti-
schen Stil aufgeführt. Das war wohl nur im konservativen, zäh am Alten festhaltenden Münster möglich. In jeder von
ihr liegt ein Mitglied der Familie von Galen begraben: In der einen Bischof Christoph Bernhard (1650—1678), der
(angeblich aus den im Krieg gegen die Holländer erbeuteten Kanonen) die „klingenden" barocken Bronzegitter der 3 Kapellen anfertigen ließ, in der anderen der Weihbischof Maximilian Gereon von Galen († 1908) und in der dritten Bischof
Clemens August, Kardinal von Galen († 1946).

DAS LANDESHAUS, 1898/1901 als Haus der Provinzialstände Westfalens im Neurenaissance-Stil erbaut, war im letzten Krieg so schwer beschädigt worden, daß dem Gebäude beim Wiederaufbau ein ganz neues Gesicht gegeben wurde. Vom Turm des Landeshauses erklingt seit einigen Jahren Münsters erstes Glockenspiel.

DIE EINGANGSHALLE DES LANDESHAUSES, lichtdurchflutet und festlich, empfängt die Besucher des Landeshauptmannes von Westfalen — an die neue Bezeichnung „Direktor des Landschaftsverbandes" wird sich der Münsteraner nie gewöhnen —, der von diesem Hause aus die Selbstverwaltung des Landschaftsverbandes Westfalen-Lippe leitet.

DER KIEPENKERL ist das Denkmal des münsterländischen Landboten, der in seiner Kiepe die Erzeugnisse und
Früchte des Landes in die Stadt zum Markte trug und auf dem Nachhauseweg die „Bestellungen" aus der Stadt mitnahm.
Heute, im Zeitalter des motorisierten Verkehrs, längst aus dem Stadtbild verschwunden, lebt er in dem 1896 von dem
Bildhauer August Schmiemann geschaffenen Denkmal zur Erinnerung an die behäbige, noch nicht vom Tempo des 20. Jahr-
hunderts erfaßte gute alte Zeit fort.

DIE WIEDERTÄUFERKÄFIGE. Ein Denkmal längst vergangener Zeiten und von ganz besonderer Art trägt
der Lambertiturm seit mehr als 4 Jahrhunderten. Es sind die drei Käfige, in die man 1536 die Leichen der am 26. Januar
1536 hingerichteten Führer der Wiedertäufer, des Schneidergesellen und Königs Jan van Leiden und seiner beiden Spießgesellen Bernd Knipperdollinck und Bernd Krechting steckte, und die man dann zum ewigen Gedenken und als Mahnmal
für kommende Geschlechter weithin sichtbar am Turm der Stadtkirche aufhing.

DER BOGEN AM PRINZIPALMARKT. Hinter den alten, immer wieder aufeinander getürmten und erneu-
erten massigen Säulen des „Bogens" verbergen sich heute die modernsten und elegantesten Geschäfte. Die stimmungsvolle
und allem Marktschreierischen abholde Ausschmückung der Stadt zur Adventszeit übt auf den Besucher der Stadt einen
ganz besonderen Anreiz aus und gibt dem Weihnachtsmarkt Münsters seine eigene Note.

EIN MODERNER BOGENGANG sieht zwar anders aus, entbehrt aber auch nicht seines eigenen Reizes. Dies hier ist die Vorhalle des neuen Universitätsbaues am Domplatz, des Institutes der Philosophischen Fakultät. — An dieser Stelle stand ehedem die barocke Jesuiten-Akademie, gestiftet 1588, die schon 1631 fast zur Universität geworden wäre, wenn nicht der 30jährige Krieg den Plan zunichte gemacht hätte. So mußte Münster noch bis 1773 warten, bis es seine Universität bekam.

DAS DIREKTIONSGEBÄUDE DER BUNDESBAHN bestimmt mit seiner wohlproportionierten und gegliederten Front das Straßenbild des Bahnhofsviertels. Bei seinem Anblick gewinnt der vom Bahnhof kommende Besucher gleich die Gewißheit, eine moderne Großstadt zu betreten. — Seit über 100 Jahren ist Münster durch die Eisenbahn mit der großen Welt verbunden. Wenn erzählt wird, die münsterschen Ratsherren hätten sich 1848 dagegen gesträubt, daß Münster einen Anschluß an die Köln-Mindener Eisenbahn bekäme, so ist das eine der vielen Schnurren, die sich an die Person des münsterschen Originals Franz Essinck knüpfen.

DER BAHNHOFSVORPLATZ mit dem Neubau der Bahnpost verstärkt den großstädtischen Eindruck, den dieses Viertel auf den Besucher macht. Hier entsteht der Neubau des Bahnhofes, des dritten an dieser Stelle, nachdem 1896 erstmalig die bis dahin getrennt einander gegenüberliegenden Bahnhöfe der Hammer und Emdener Strecke (1848 bzw. 1856) zusammengelegt worden waren.

DIE STÄDTISCHE BADEANSTALT mit ihrer neuen großen lichtdurchfluteten Halle konnte nach mancherlei Schwierigkeiten endlich im Jahre 1956 der schwimmfreudigen und badelustigen Bevölkerung übergeben werden. Sie duckt sich, als ob sie sich ihres gar zu modernen Baues in dieser Umgebung etwas schämte, in den Winkel zwischen dem hohen Promenadenwall und der alten Stadtmauer. Aber Badeanstalten können nicht modern genug sein. Schon 1889 bezeichnete man die damals eröffnete „bedeckte Schwimmhalle" als „die Krone von allem".

DER BUDDENTURM, ein Stück des alten Münsters aus der Zeit um 1200, ist der letzte seiner Art, der sich von rund einem Dutzend alter Stadttürme erhalten hat. Sagenumwittert reckt er sein rotes Dach, das ihm im Volksmund den Namen „Der rote Teufel" eingebracht hat, in den Himmel. Diente er bis zur Franzosenzeit als Gefängnis, im 19. Jahrhundert dann als Wasserturm, so heute nur noch als Symbol der alten Wehrhaftigkeit der alten Hansestadt Münster und des hochgemuten Selbstbewußtseins ihrer Bürger.

DIE MINORITENKIRCHE (Apostelkirche) dient heute dem auf fast 30 % angewachsenen evangelischen Bevöl-
kerungsteil Münsters. Das in seiner Schlichtheit besonders ansprechende Gotteshaus, an dem seit dem Ende des 13. Jahrhunderts gebaut worden ist — die Franziskanerminoriten kamen um 1270 nach Münster —, zeichnet sich durch besonders
schöne Renaissance-Gewölbemalereien aus, die im letzten Krieg allerdings sehr gelitten haben.

DIE BERGKAPELLE an der Bergstraße zeugt wie die anderen zahlreichen Kirchenbauten von der opferfrohen und religiösen Gesinnung der Münsteraner. Das stimmungsvolle Kirchlein der um 1311 gegründeten Johanniterkommende dient heute gleichfalls der evangelischen Gemeinde als Gotteshaus.

DENKMAL AM LUDGERIPLATZ. Der reiche Bestand Münsters an Denkmälern ist im zweiten Weltkrieg stark dezimiert worden. Erhalten geblieben sind glücklicherweise Pferd und Ochs (Symbol für Ackerbau und Viehzucht) auf dem Ludgeriplatz, eine schöne, lebendige Doppelplastik aus Bronze, die der Staatsminister und Ehrenbürger Münsters, Dr. von Studt († 1921) bei seinem Scheiden aus der liebgewordenen Metropole Westfalens, in der er von 1890 bis 1899 als Oberpräsident gewirkt hatte, der Stadt geschenkt hat. Die 1912 aufgestellte Gruppe ist das Werk des Kasseler Bildhauers Bernewitz.

52

IM MÜNSTERSCHEN ZOO könnte man die wie leblos dastehenden Flamingos fast auch für eine Denkmalgruppe halten. Der von dem münsterschen Original Prof. Hermann Landois schon 1875 gegründete Zoo ist mit seinem reichen, nach dem letzten Krieg völlig aus dem Nichts wieder aufgebauten Tierbestand, ein begehrtes Ziel für groß und klein. Ungezählte Tausende besuchen alljährlich den schön gelegenen und gepflegten Garten, in dessen hinterstem Winkel vor der sogen. Tuckesburg das originelle Denkmal steht, das sich der „unwiese" Professor († 1905) selbst bei Lebzeiten gesetzt hat.

DER WOCHENMARKT wird heute unter den Linden des Domplatzes gehalten, nachdem er dem zunehmenden Verkehr auf dem Prinzipalmarkt weichen mußte. Zweimal wöchentlich bringen die Landleute wie schon vor Jahrhunderten ihre Produkte dorthin. Auch die meisten „Appeltiewen", jene schlagfertigen Marktfrauen, von denen noch manche deftige Anekdote im Volke umläuft, haben ihren Stand „unter dem Bogen" längst geräumt.

54

DIE MODERNEN LÄDEN AM PRINZIPALMARKT passen mit ihrer Eleganz auch nur schlecht zu den „Appeltiewen". In der Entwicklung von der einfachen „valdor", der herabklappbaren Fensterluke, auf der Kaufmann und Handwerker im Mittelalter ihre Waren ausstellten, bis zur modernen Schaufensterparade spiegelt sich der Aufstieg Münsters zur modernen Großstadt recht eindringlich wider.

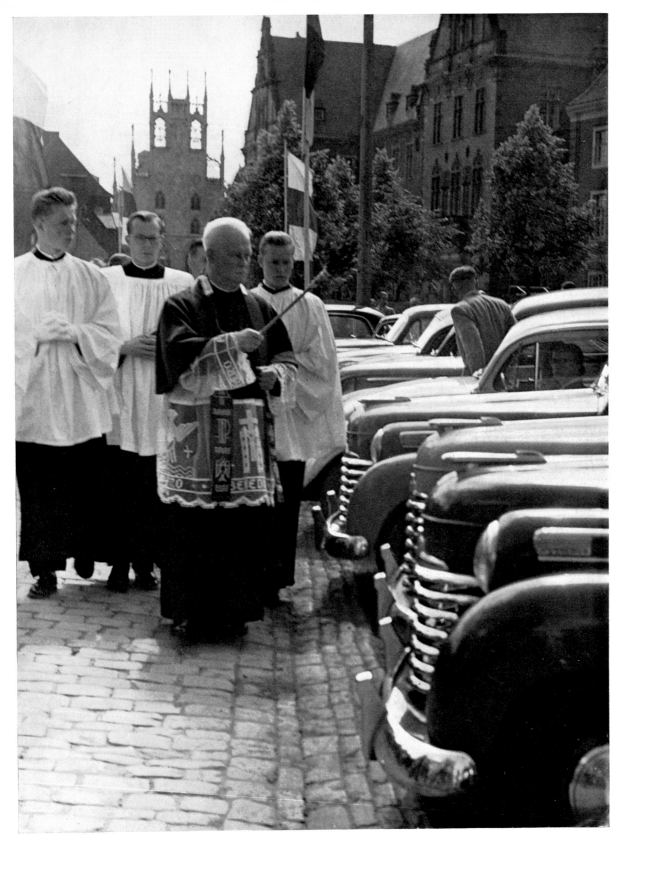

SEGNUNG DER MOTORISIERTEN FAHRZEUGE. Auch der Münsteraner von heute ist seinem von den Vätern ererbten Glauben zutiefst verhaftet. Die Kirche kommt ihm im religiösen Brauchtum entgegen. Zur alljährlichen Segnung der motorisierten Fahrzeuge auf dem Domplatz stellen sich die Münsteraner mit ihren großen und kleinen Fahrzeugen, vom Roller bis zum großen Tourenwagen, in stets wachsender Zahl ein.

DER HAFEN am Dortmund-Ems-Kanal ist das andere Tor, durch das Münsters Wirtschaft seit 1899 mit der weiten Welt verbunden ist. Den ganzen Tag sind die Kräne, Exhaustoren und Elevatoren geschäftig dabei, die nach Hunderten zählenden Schiffe zu ent- und beladen. Rund eine Million Tonnen werden hier jährlich umgeschlagen.

DIE MÜNSTERLANDHALLE, nach dem Kriege (1948) als einer der ersten Großbauten Münsters wieder aufgebaut, dient nicht nur als Ausstellungs- und Auktionshalle, als Sportpalast und Radrennbahn, sondern auch als Großversammlungs- und Festhalle für Konzerte und ähnliche Veranstaltungen, solange die Stadt einer eigenen Fest- und Konzerthalle entbehren muß.

58

DAS MESSEGELÄNDE AN DER MÜNSTERLANDHALLE. Mit ihrem großen Freigelände eignet sich die Münsterlandhalle am besten als Ausstellungshalle für Handel und Wirtschaft. Dutzende von großen Messen konnten hier seit dem Kriege schon wieder für die einheimische Wirtschaft werben. Die Münsterlandhalle, 120×44 m groß, wurde 1925/26 gebaut. Nach dem letzten Krieg erhielt sie ein modernes Holzlamellendach. Sie faßt 6 000 Personen und bietet 5 000 qm überdachte Ausstellungsfläche.

DER FLUGSPORT ist in Münster seit 1909 heimisch. In der Entwicklungsgeschichte der deutschen Fliegerei haben die Namen der Münsterschen Flugpioniere Anton Knubel, Josef Suwelack u. a. einen guten Klang. Im Freiballonsport liegt Münster seit langem mit an führender Stelle. Ein Höhepunkt in seiner Geschichte war die 1930 auf der Loddenheide gestartete Internationale Ballonwettfahrt, an der nicht weniger als 30 Ballone teilnahmen.

DER FUSSBALLSPORT hat auch in Münster ungezählte Anhänger, deren Herzen wohl am höchsten schlugen, als die „Preußen" im Jahre 1951 bis in die Endrunde um die deutsche Fußballmeisterschaft vorstoßen konnten. Mit viel Mühe und großen Kosten mußte nach dem Kriege das Sportleben Münsters wieder aufgebaut werden, waren doch alle Turnhallen, Badeanstalten und sonstige Sportanlagen zerstört.

61

DAS RÜSCHHAUS im Blütenschmuck des Frühlings führt uns in die Welt der Annette, der größten deutschen Dichterin, die hier die fruchtbarsten Jahre ihres Lebens († Meersburg am Bodensee 1842) verbrachte. Pietätvoll wird hier in dem von Münsters genialen Spätbarockmeister Johann Konrad Schlaun 1745/48 als Landhaus für sich selbst errichtetem Hause die kleine Welt der großen Dichterin gehütet.

DIE ANNETTE-VON-DROSTE-HÜLSHOFF-SCHULE (Frauenoberschule) an der Grünen Gasse hütet nicht nur den Namen der großen Dichterin, sondern auch den Geist der „familia sacra", steht doch das neue formschöne Gebäude an der Stelle jenes Hauses an der Grünen Gasse, in dem sich die „familia sacra" um die Fürstin Gallitzin und den Staatsminister Franz von Fürstenberg scharte. Seine besondere Weihe erhielt es durch das hier im Garten gelegene Grab des „Magus des Nordens", Joh. Georg Hamann († 1788), dem die Fürstin soviel verdankte, und durch den Besuch Goethes, der hier im Jahre 1792 einkehrte und von dem Geiste der „familia sacra" tief beeindruckt von hier schied.

DER NEUBAU DES LANDESKULTURAMTES. Moderne Hochhäuser haben sich auch in das alte Zentrum
der Stadt eingeschlichen. Wenn es mit soviel Geschick geschieht wie bei diesem Neubau, kann man damit wohl zufrieden
sein. — Seitdem die Preußen im Jahre 1815 Münster zur Hauptstadt ihrer neuen Provinz Westfalen machten, ist die Stadt
Sitz zahlreicher hoher Behörden, von denen das Oberverwaltungsgericht für das Land Nordrhein-Westfalen an der Königs-
straße die erste Stelle einnimmt.

DIE NEUE AA-PROMENADE mit ihrem schönen Blumenschmuck erfreute sich bei der Bevölkerung von Anfang an als „Fluchtinsel" im Getriebe der Großstadt großer Beliebtheit. Welch' stimmungsvolle Winkel und überraschende
Durchblicke hier entstanden sind, zeigt dieses Bild. — Die im Hintergrund aufragende Überwasserkirche reicht in ihrem
Ursprung bis zum Jahre 1040 zurück, als hier Bischof Hermann I. im Beisein des Königs Heinrich III. das adelige Damen-
stift Unser lieben Frau gründete, das 1773 zugunsten der neuen Universität aufgehoben wurde.

IM BEREICH DER MUSIK hat Münster ein altes Erbe zu wahren. Der schon 1816 gegründete Musikverein ist einer der ältesten seiner Art. Seine Konzerte gehören zum festen Bestand des Kulturlebens in dieser Stadt wie kaum etwas anderes. Die besondere Hinneigung zur Musik liegt dem Münsteraner im Blut. Im Domparadies kann man noch heute einen ganzen Musikantenfries aus dem 13. Jahrhundert sehen.

66

DIE STIMMUNGSVOLLE MAURITZKIRCHE vor der Stadt sieht auf eine fast 900jährige Geschichte zurück. Um 1070/80 wurde das Stift gegründet. Der massige Turm, der in seiner Kapelle die Gräber der beiden Stifterbischöfe (Friedrich, † 1084, und Erpho, † 1097) birgt, stammt noch aus dieser Frühzeit, ebenso die beiden Chortürme mit den schönen Reliefbildern hoch oben über den Schallöchern, die zu den ältesten Denkmälern westfälischer Großplastik gehören. Das Langhaus wurde im 19. Jahrhundert erneuert.

WILKINGHEGE, das alte Schloß mit seiner 6 Jahrhunderte umspannenden reichen Geschichte, steht hier für die vielen Häuser ähnlicher Art in Münsters nächster Umgebung, die in bescheidener oder anspruchsvoller Art wie hier, dem Bedürfnis des Münsteraners nach Erholung entgegenkommen und ihm neben ihrer schönen Lage auch einen guten Kaffee oder ein kühles Bier bereithalten.

DIE WIENBURG im Norden der Stadt verkörpert den anderen Typ der Kaffeewirtschaft, zu der die weniger anspruchsvollen Münsteraner sonntags und am dienstfreien Mittwoch- oder Samstagnachmittag spazieren. Das Haus mit einem in Resten noch erhaltenen barocken Ziergarten ist um 1700 von dem Landpfennigmeister Paul Josef (von) Wientgens angelegt und nach ihm benannt worden.

IN DER STADT dienen demselben Bedürfnis zahlreiche Lokale im altmünsterischen Stile oder auch ganz moderner Aufmachung wie dieses Dachgartencafé. Der Drang nach dem auswärtigen Kaffeestündchen oder dem Stammtisch ist den Münsteranern angeerbt. Das älteste Adreßbuch Münsters von 1853 verzeichnet für die damals 22 000 Einwohner zählende Stadt nicht weniger als 58 Gastwirtschaften und 210 (in Worten zweihundertzehn) Schenken (Altbierkneipen)!

EIN STÜCK ECHTES MÜNSTERLAND verkörpert dieser alte Speicher beim Hofe Kump an der Aa. In notvoller Zeit mochte der wehrhaft-trutzige Bau die wertvolle Habe des Bauern bergen und dem Zugriff marodierender Söldnerscharen entziehen. Heute sind diese Zeugen bäuerlicher Wehrhaftigkeit nur noch vereinzelt im Münsterland anzutreffen. Dieser ist ein besonders schöner Vertreter seiner Art.

DIE BERNHARD-SALZMANN-SIEDLUNG IN KINDERHAUS zeigt den neuen Lebensstil des Münsteraners im eigenen Heim auf eigener Scholle, weit genug vom Stadtzentrum entfernt, um „draußen" zu sein und doch wieder durch die modernen Verkehrsmittel „nahe" genug daran, um am Leben der Stadt echt teilnehmen zu können. Die Stadt hat im Wiederaufbau bzw. Neubau von Wohnungen nach dem Kriege beachtliche Erfolge zu verzeichnen. Von den 33 737 Wohnungen, die Münster vor dem Kriege zählte, waren 1945 nur 1 050 unbeschädigt geblieben. Weitere 11 390 waren noch teilweise bewohnbar. Bis zum 1. Januar 1957 ist der Bestand an Wohnungen wieder auf 40 668 gestiegen. Aber auch die Bevölkerung ist von 132 760 im Jahre 1939 auf 161 777 am 1. 1. 1957 angewachsen, so daß immer noch ein erheblicher Mangel an Wohnraum besteht.

DAS STÄDTISCHE ALTERSHEIM an der Manfred-von-Richthofen-Straße ist mit seinen schönen und hellen
Räumen ein beredter Ausdruck der sozialen Gesinnung der Bürgerschaft von heute und dabei nur letztes Glied einer jahr-
tausendalten Kette aus christlicher Verantwortung geborenen Nächstenliebe und Fürsorge für die Alten und Schwachen.
Das älteste Spital der Stadt, das Magdalenen-Hospital an der Aabrücke auf dem Spiekerhof, soll der Überlieferung nach
schon bald nach 1000 entstanden sein. Ihm folgten im Laufe des Mittelalters und der Neuzeit noch zahlreiche Stiftungen
und Einrichtungen sozialer Art, von denen die beiden Zwölfmännerhäuser, die vier „Elenden"-Häuser, das Bürgerwaisen-
haus und das Clemenshospital die bekanntesten waren.

DER SEND, wie man hier den dreimal jährlich stattfindenden Jahrmarkt nennt, gehört zum alten Brauchtum Münsters. Der Name leitet sich von der Synode ab, die seit den Tagen des frühen Mittelalters den Diözesanklerus zweimal im Jahr, im Frühjahr und Herbst, im Dome zur Beratung zusammenführte. Der dritte „Send" findet am Patronatsfest des Domes, auf Peter und Paul (29. Juni) statt.

74

DIE ALTEN TÄNZE werden nicht minder eifrig von den Volkstanzgruppen als altes Brauchtum gepflegt. Wenn auch dem Boogie-Woogie oder dem Rock 'n' Roll nicht vergleichbar, bereitet der Volkstanz in den schönen alten Trachten gewiß nicht weniger Freude für Aug' und Ohr!

DIE ASTRONOMISCHE UHR IM DOM erschließt uns eine Wunderwelt eigener Art. Sie blieb glücklicherweise erhalten. Was kann man auf ihr nicht alles sehen! Den Lauf der Sonne und des Mondes verzeichnet sie ebenso wie die Bahnen der Planeten, von denen der Meister von 1540 freilich nur erst 5 kannte. Bis zum Jahre 2071 reicht der Jahreskalender. Reizvolle Monatsbilder illustrieren das Alltagsleben des Münsteraners im Jahresablauf. Hoch droben im Giebelfeld der Uhr erweisen alltäglich zur Mittagsstunde die Heiligen Drei Könige der Muttergottes und dem Jesuskind auf ihrem Schoße in feierlichem Umgang ihre Reverenz.

76

MÜNSTER IST DIE STADT DER PROZESSIONEN. Neben der Großen Prozession am Montag nach dem 2. Sonntag im Juli, die seit dem Ende des 14. Jahrhunderts zum Dank für die Errettung aus Pest und Feuersnot (1382/83) durch die Straßen der Stadt zieht, ist es vor allem die Wallfahrt zur Muttergottes nach Telgte, in der die Münsteraner in hellen Scharen voll andächtiger Begeisterung den weiten Weg zum Nachbarstädtchen pilgern. Nicht überall führt der Weg unter schattenspendenden Bäumen dahin wie hier, und nicht überall stehen noch die barocken Stationsbilder wie dieses.

DIE SERVATIIKIRCHE aus dem Ende des 12. Jahrhunderts, an der romanische und gotische Meister gebaut haben, ist nach Behebung der Kriegsschäden wieder Sakramentskirche geworden, in der die Kette der stillen Beter niemals abreißt. Eine Insel des Friedens mitten im lärmvollen Getriebe der Großstadt.

AN DER GASSELSTIEGE. Solche idyllischen Wege führen von Münster aus in allen Himmelsrichtungen ins weite Münsterland, gleich schön zu jeder Jahreszeit, besonders stimmungsvoll auch im Winter.

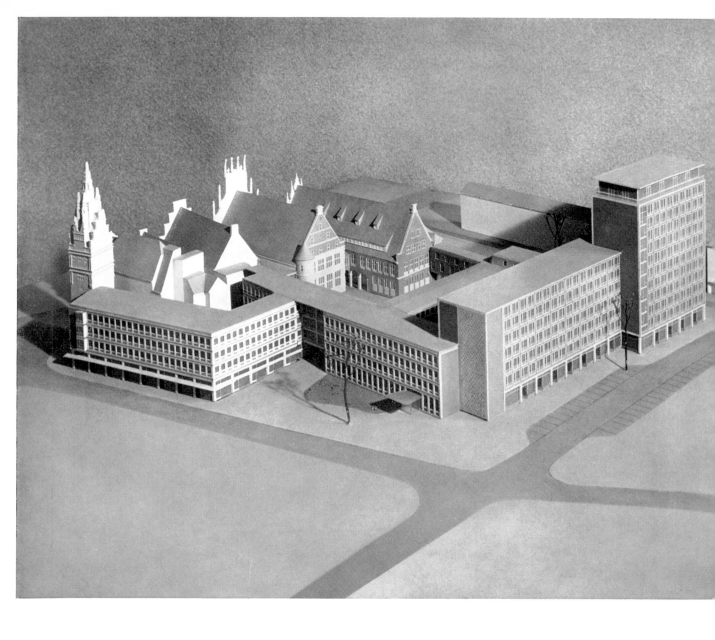

EINEN AUSBLICK IN DIE ZUKUNFT zeigt unser letztes Bild. Dort, wo im Mittelalter bis etwa 1350 sich im Schatten des Rathauses die kleinen Hütten des Judenghettos drängten und wo bis zum letzten Krieg das Ratsgymnasium lag, soll in Zukunft das Gebäude der Stadtverwaltung stehen, das alle Dienststellen derselben, die heute noch an 23 verschiedenen Stellen in der Stadt verstreut liegen, vereinen soll. Nicht nur Ausdruck modernen Baustrebens, sondern auch Symbol eines zukunftsfrohen und blühenden Gemeinwesens will es sein!

80